LES

PETITS SOULIERS

COMÉDIE

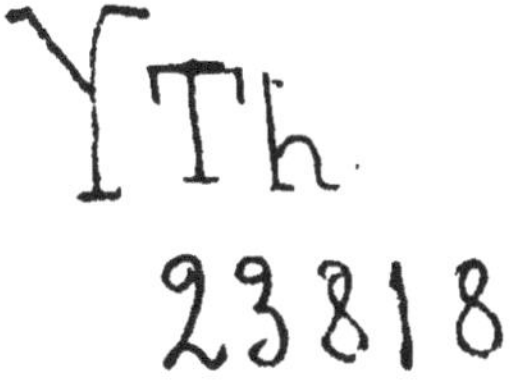

Imprimerie générale de Châtillon-sur-Seine. — M. PEPIN.

LES
PETITS SOULIERS

COMÉDIE EN UN ACTE

PAR

LEMERCIER DE NEUVILLE

PARIS

LIBRAIRIE THÉATRALE

14, RUE DE GRAMMONT, 14

—

1890

PERSONNAGES

MADAME DERAINCOURT
AGATHE, sa servante.
ADÈLE, 14 à 15 ans, ⎞
SOPHIE, 12 à 13 ans, ⎠ ses filles.

LES
PETITS SOULIERS

SCÈNE PREMIÈRE

MADAME DERAINCOURT, AGATHE.

Toutes les affaires de ces demoiselles sont prêtes, Agathe ?

AGATHE.

Oui, madame, les jupons et les robes blanches sont repassés.

MADAME DERAINCOURT.

Bien! Avez-vous prévenu le coiffeur ?

AGATHE.

Le coiffeur viendra à sept heures.

MADAME DERAINCOURT.

A propos, le cordonnier a-t-il envoyé les souliers ?

AGATHE.

Pas encore, madame.

MADAME DERAINCOURT.

Passez-y donc, vous les rapporterez.

AGATHE.

Oui, madame. — Madame n'a pas d'autre commis-
sion à me donner?

MADAME DERAINCOURT.

Non. Faites vite, n'est-ce pas, Agathe?

AGATHE.

Oui, madame!

Elle sort.

SCÈNE II

MADAME DERAINCOURT, puis ADÈLE, et SOPHIE.

MADAME DERAINCOURT.

Vraiment, je ne suis pas fâchée que le jour du bal
de madame Flavigny soit enfin arrivé, car depuis
huit jours mes filles m'étourdissent avec leurs ques-
tions de toutes sortes. Elles n'en dorment pas, ces
chères enfants, et c'est bien naturel, à leur âge! Le
premier bal, un bal blanc! Rien que des jeunes filles! Comme elles vont s'amuser! — Ce plaisir leur
est bien dû, car elles ont travaillé comme des anges!

Adèle et Sophie entrent et vont embrasser leur mère.

ADÈLE.

Bonjour, mère!

SOPHIE.

Bonjour, petite maman!

ADÈLE.

C'est aujourd'hui!

SOPHIE.

Le grand jour est arrivé!

MADAME DERAINCOURT.

Et j'en suis très heureuse! car vous seriez tombées malades d'impatience.

ADÈLE.

Dame! Il y a bien de quoi! Songe donc, mère, c'est notre entrée dans le monde!

MADAME DERAINCOURT.

Le monde? Pas précisément! mais enfin c'est une distraction convenable pour vous et je n'ai pas voulu vous la refuser.

SOPHIE.

Comme tu es bonne!

ADÈLE.

Alors nous avons toutes deux les mêmes toilettes?

MADAME DERAINCOURT.

Oui, comme deux sœurs. Robes blanches avec des rubans bleus.

SOPHIE.

Est-ce que les autres jeunes filles seront aussi en blanc?

MADAME DERAINCOURT.

Sans doute! C'est un bal blanc, cette couleur est obligatoire.

SOPHIE.

Pour les parents aussi?

MADAME DERAINCOURT.

Non, mon enfant, les mamans ne sont pas des jeunes filles.

SOPHIE.

C'est égal! nous allons bien nous amuser! Moi d'abord, je ne manque pas une danse!

ADÈLE.

Ni moi non plus!

MADAME DERAINCOURT.

Je vous recommande surtout de ne pas être folles! Vous n'êtes plus des petites filles, il faudra vous tenir un peu. Je ne tiens pas qu'à la fin de ce bal, vos toilettes soient fripées et vos souliers défraîchis.

SOPHIE.

C'est vrai! Nous allons avoir des petits souliers de satin blanc.

ADÈLE.

Sans doute! C'est indispensable avec nos robes.

MADAME DERAINCOURT.

Indispensable, n'est pas le mot; beaucoup de ces demoiselles auront des souliers noirs, c'est admis! mais, comme cela paraissait vous faire plaisir, je n'ai pas voulu vous refuser cette petite coquetterie.

SOPHIE.

Je n'ai pas encore vu ces beaux souliers!...

MADAME DERAINCOURT.

Je viens d'envoyer Agathe chez le cordonnier. Il demeure à deux pas d'ici, elle devrait déjà être de retour.

ADÈLE.

Et s'ils n'étaient pas prêts?

MADAME DERAINCOURT.

J'ai bien recommandé qu'ils soient terminés aujourd'hui. Voici Agathe.

SCÈNE III

Les Mêmes, AGATHE, avec un paquet.

SOPHIE.

Tu apportes nos souliers?

AGATHE.

C'est-à-dire, j'en apporte une paire.

ADÈLE.

Quand aurons-nous l'autre?

AGATHE.

Dame, mademoiselle, je vais vous dire la vérité.
Les autres ne sont pas faits.

MADAME DERAINCOURT.

Vous voulez dire : pas finis !

AGATHE.

Non, madame, le cordonnier m'a dit qu'il n'avait
pas d'ouvriers, ils sont en grève; c'est lui-même qui
a fait ceux-ci. Il ne pourra pas donner les autres
avant deux ou trois jours.

SOPHIE.

Retournes-y. Dis-lui qu'il faut absolument la se-
conde paire pour ce soir.

MADAME DERAINCOURT.

C'est inutile! S'il n'a pas d'ouvriers. — C'est bien.
Laissez-nous, Agathe.

Agathe sort.

1.

SCÈNE IV

MADAME DERAINCOURT, SOPHIE, ADÈLE.

ADÈLE.

Comment allons-nous faire?

SOPHIE, dépliant le paquet.

C'est qu'ils sont très jolis ces petits souliers!

MADAME DERAINCOURT.

Que voulez-vous, mes enfants, il faut faire contre fortune bon cœur? Une de vous mettra des souliers noirs.

SOPHIE.

Ah non, par exemple! Deux sœurs! on croira que l'une de nous aura été punie.

MADAME DERAINCOURT.

Je ne vois pas d'autre moyen, à moins que vous ne mettiez toutes deux des souliers noirs.

ADÈLE.

Ce ne sera pas joli du tout.

MADAME DERAINCOURT.

Cependant, vous ne pouvez pas aller au bal sans souliers?

SOPHIE.

Comment faire?

ADÈLE.

Oh! moi d'abord, j'aime mieux me priver d'aller au bal plutôt que d'avoir une toilette incomplète.

SOPHIE.

Et moi aussi!

MADAME DERAINCOURT.

Comme vous voudrez, mes enfants; mais indi-
quez-moi le moyen de parer à cela. Les cordonniers
ne font ces chaussures que sur mesure; il faut les
commander, et une paire de souliers semblables ne
se fait pas en quelques heures.

SOPHIE.

On doit si bien danser avec cela!

ADÈLE.

On ne les sent pas aux pieds!

MADAME DERAINCOURT.

Il y aurait bien une manière d'arranger cela.

SOPHIE.

Dis vite, maman !

MADAME DERAINCOURT.

Vous m'avez dit tout à l'heure que vous vous pas-
seriez plutôt de ce bal que d'y aller sans souliers
blancs.

ADÈLE.

C'est moi qui ai dit cela.

SOPHIE.

Et moi aussi !

MADAME DERAINCOURT.

Eh bien, je ne vois pas la nécessité que vous fas-
siez toutes deux ce sacrifice. Une seule de vous peut
le faire.

ADÈLE.

Comment cela ?

MADAME DERAINCOURT.

Sans doute. Une de vous ira seule au bal avec les
souliers; l'autre restera à la maison. Pourquoi l'une
des deux sœurs priverait-elle l'autre de s'amuser?

SOPHIE, réfléchissant.

Dame ! c'est juste ! Puisqu'il n'y a qu'une paire de souliers, l'une de nous peut la mettre... Eh bien, moi, je suis la plus jeune, je n'irai pas.

ADÈLE.

Du tout ! Moi, qui suis l'aînée, je dois donner l'exemple. Je resterai.

SOPHIE.

C'est toi au contraire qui dois aller au bal. Tu représentes mieux ! Que veux-tu ? puisque nous ne pouvons pas y aller toutes deux ! Tu me raconteras ta soirée.

ADÈLE.

Non ! je ne pourrais pas m'amuser en songeant que tu t'es privée pour moi !

MADAME DERAINCOURT.

Bons petits cœurs ! Eh bien, on peut encore arranger cela... Puisque toutes deux vous voulez faire ce sacrifice, il faut s'en rapporter au sort qui désignera celle qui doit le faire. Vous allez tirer à la courte-paille. Mais auparavant réfléchissez bien. Celle qui devra rester n'aura pas de regrets ?

ADÈLE.

Non, mère !

MADAME DERAINCOURT.

Et toi, Sophie ?

SOPHIE.

C'est moi qui ai proposé la première de rester.

MADAME DERAINCOURT, prenant deux tiges inégales dans un bouquet placé sur la cheminée.

Alors, mes enfants, nous allons consulter le sort... Celle qui tirera la tige la plus longue ira au bal, l'autre...

SOPHIE.

L'autre ! C'est compris ! L'autre gardera la maison. Tire d'abord, toi.

ADÈLE.

Non ! Commence, tu es la plus petite.

MADAME DERAINCOURT.

Tirez ensemble, cela vaut mieux.

Adèle et Sophie tirent chacune une tige. — Adèle tire la plus longue.

ADÈLE, joyeuse.

J'ai gagné !

MADAME DERAINCOURT.

Tu n'es pas contrariée, ma petite Sophie ?

SOPHIE.

Si, je suis contrariée de n'avoir pas suivi ma première idée, je voulais prendre l'autre tige.

ADÈLE, vivement.

Veux-tu recommencer ?

SOPHIE.

Non, non ! ma bonne Adèle, tu es trop heureuse ! Amuse-toi bien ! Moi je me coucherai de bonne heure et je m'endormirai en pensant à toi.

MADAME DERAINCOURT.

Bonne petite fille ! Allons, viens avec moi voir si rien ne manque à la toilette de ta sœur.

ADÈLE, embrassant Sophie.

Tu ne m'en veux pas ?

SOPHIE.

Je t'aime !

Sophie sort avec madame Deraincourt.

SCÈNE V

ADÈLE, seul.

C'est égal! Je suis bien contente et ça me fait de la peine! Ma petite sœur qui va garder la maison, comme Cendrillon! Le sort n'est pas juste!... Enfin puisque c'était convenu! Elle n'a pas l'air trop triste! Oh! moi, j'aurais été vexée! Mais on ne l'aurait pas vu!... Ces vilains souliers! C'est qu'ils sont charmants! Quel joli petit pied je vais avoir avec cela! Un pied de fée! essayons-les. (Elle s'assied sur une chaise et enlève ses chaussures.) Qu'ils sont jolis!... (Elle met les souliers.) Aïe!... ils sont un peu justes... oh! mon pied est moulé! C'est égal ça serre trop!... Oui, mais ça se fera! C'est le premier moment! (Elle se lève.) Marchons un peu... (Elle marche en boitant.) Aïe!... mon pied est peut-être gonflé!... Il faut qu'ils se fassent; je vais les garder, ce soir ils ne me feront plus mal. Oui, mais maintenant... oh! c'est une torture!

SCÈNE VI

ADÈLE, MADAME DERAINCOURT, apportant une
robe blanche.

MADAME DERAINCOURT.

Adèle, je t'apporte ta robe blanche; essaie-la; si par hasard il y avait quelque chose à y refaire nous aurions le temps.

ADÈLE.

Oui, mère, tout à l'heure.

MADAME DERAINCOURT.

Qu'est-ce que tu as ? Tu as l'air contrariée...

ADÈLE, dissimulant.

Moi, non ! Pourquoi serais-je contrariée ? Au contraire. (A part.) Aïe !

MADAME DERAINCOURT.

Eh bien alors, essaie ta robe.

ADÈLE, avec impatience.

Mais tout à l'heure, je te dis !

MADAME DERAINCOURT.

Qu'est-ce que cela veut dire ! Comment ! tu me réponds ainsi ?

ADÈLE.

Comment veux-tu que je te réponde ?

MADAME DERAINCOURT.

Ce mouvement d'impatience...

ADÈLE, vivement.

Eh ! je ne suis pas impatiente ! (A part.) Oh ! c'est un martyre !

Elle piétine.

MADAME DERAINCOURT, à part.

Il y a quelque chose ! (Haut.) Rien ne peut te contrarier, tu vas au bal comme tu le désirais, avec tes jolis petits souliers blancs ; — où sont-ils ?... Ah ! tu les as essayés...

ADÈLE, brusquement.

Oui.

MADAME DERAINCOURT.

Montre un peu ! Ah ! ils te vont très bien ! Ça te fait un pied tout petit, tout petit...

ADÈLE, à part.

Je crois bien... j'ai les pieds broyés !

MADAME DERAINCOURT.

Ils ne te font pas mal ?

ADÈLE, brusquement.

Eh non !

MADAME DERAINCOURT, sérieuse.

Vous me répondez mal, Adèle, je ne suis pas habituée à cela.

ADÈLE.

Mais du tout ! Tu me demandes d'essayer ma robe : je te dis, tout à l'heure. Il n'y a rien de mal à cela. (A part.) Ah ! quel supplice !

MADAME DERAINCOURT.

Sans doute, si tu me donnais une raison pour ne pas faire ce que je désire. Et puis ce ton...

ADÈLE.

Quel ton ?

MADAME DERAINCOURT, sévèrement.

Assez ! Je ne t'ai pas habituée à me répondre ainsi. Je n'aime pas la mauvaise humeur, surtout à propos de rien. Voyons, essayez votre robe.

ADÈLE, à part.

Oh ! je me sens défaillir !

MADAME DERAINCOURT.

Comment ! Tu as été favorisée par le sort ! Tu vas prendre un plaisir dont ta sœur, plus raisonnable que toi, se prive volontiers et je te trouve maussade ?

ADÈLE, d'un ton bourru.

Eh bien, je vais l'essayer, es-tu contente ?

MADAME DERAINCOURT.

Je n'aime pas qu'on me réponde de cette façon. J'ignore pourquoi cette mauvaise humeur vous est venue, mais si vous ne changez pas de suite, vous n'irez pas à ce bal.

ADÈLE.

Ce bal! Ce bal!... mon Dieu! On dirait que c'est
un si grand plaisir!

MADAME DERAINCOURT.

Vraiment! Eh bien, puisque vous n'y tenez pas
plus que cela, c'est votre sœur qui ira à votre place.

ADÈLE.

Oh! ça m'est égal!

MADAME DERAINCOURT.

Eh bien, je vous prends au mot : Vous resterez à
la maison! (A part.) Comment expliquer cette mauvaise humeur? Elle si douce d'ordinaire! (Haut.) Je
vais prévenir votre sœur.

ADÈLE.

Comme tu voudras. (A part.) Ah! j'ai les pieds
broyés!

MADAME DERAINCOURT.

Nous nous expliquerons ensuite.

Elle sort.

SCÈNE VII

ADÈLE, puis SOPHIE.

ADÈLE, s'asseyant.

Ouf! je n'en puis plus! je crois que si maman était
restée un moment de plus, je me trouvais mal. J'ai
été bien maussade et je l'ai fâchée, mais ça n'est
pas ma faute, je souffrais tant. — Maintenant la dou-
leur se calme un peu, mais mon pied est tout en-
gourdi. — Alors maintenant je ne vais plus au bal.
Oh! je connais maman, elle ne reviendra pas! Tant

pis pour moi! Eh bien, ma sœur en profitera! Une autre fois, je me contiendrai mieux!... Je bisque tout de même!

SOPHIE, entrant.

Qu'est-ce que tu as donc fait à maman? Elle est fâchée contre toi et veut que j'aille au bal à ta place.

ADÈLE.

Elle est de mauvaise humeur,... et moi aussi! (Elle se lève.) Aïe !

Elle se rassied.

SOPHIE.

Pourquoi ?

ADÈLE.

Pourquoi? pourquoi ? Pour rien ! Tiens ! je vais te donner les souliers.

Elle enlève ses souliers et remet ses autres chaussures.

SOPHIE.

Ainsi c'est vrai, tu ne vas pas au bal ?

ADÈLE.

Non ! (A part.) Ah ! quel soulagement !

SOPHIE.

Mais ça me fait de la peine, ma chérie; tu semblais si joyeuse d'avoir été désignée par le sort.

ADÈLE, radoucie.

Que veux-tu ? Maman a eu raison de me punir. Je conviens avoir été peu aimable avec elle, mais c'était plus fort que moi.

SOPHIE.

Tu m'étonnes ! Toi si bonne et qui l'aimes tant !

ADÈLE.

Je le regrette beaucoup et je vais lui demander pardon.

SOPHIE.

Oh ! elle va te pardonner ! Si tu veux, je vais lui
parler pour toi.

ADÈLE.

Non ! j'ai mérité ma punition, je veux la faire.
Mais je tiens à son cœur et je ne veux pas qu'il soit
affligé.

SOPHIE.

Ma chère sœur !

ADÈLE.

C'est un exemple pour toi, ma petite Sophie. Il
faut toujours avoir le caractère égal ! — Je ne suis
pas parfaite, vois-tu. J'ai eu des mouvements d'impatience ; c'était très sot de ma part, il est juste que
je les paye.

SOPHIE.

Mais enfin pourquoi ?

ADÈLE.

Pourquoi ? Pour rien. N'y pensons plus. — Toi,
ma sœur, profites-en et ne n'imite pas.

SOPHIE.

Décidément, tu ne veux pas que...

ADÈLE.

Je veux que tu prennes ma place... Je vais aller
près de mère, lui dire que je regrette ce que j'ai fait
et qu'elle a eu raison de me punir. (A part.) Si j'avais
été au bal avec ces souliers-là, je n'aurais pas pu y
rester.

Elle sort.

SCÈNE VIII

SOPHIE.

Je n'y comprends rien ! Jamais ma sœur n'a fait la moindre peine à maman ! Après ça, comme elle dit, on n'est pas parfait ! Quelquefois on est méchante sans le vouloir. Ainsi moi quand j'ai mal aux dents, je ne suis pas à prendre avec des pincettes. — Alors, je vais au bal ! Et pas elle ! — Ça gâte tout mon plaisir ! Voyons, essayons les jolis souliers, puisque c'est moi qui dois les mettre. Ma sœur et moi nous avons le même pied. (Elle s'assied.) Comme on doit bien danser avec ces souliers-là ! (Elle enlève sa chaussure et met les petits souliers.) Ils serrent un peu... tant mieux ! Ça tient mieux au pied. — Aïe ! aïe ! aïe ! (Elle marche.) C'est que ça me fait mal ! Je ne sais pas comment ma sœur a pu les mettre... C'est le premier moment... et puis quand on n'a pas l'habitude, aïe ! aïe !.. Quand j'aurai un peu dansé, le satin se prêtera et je n'y penserai plus. (Elle marche en boitant légèrement.) Aïe !

SCÈNE IX

SOPHIE, MADAME DERAINCOURT.

MADAME DERAINCOURT.

Eh bien, mon enfant, tu as essayé les souliers ?

SOPHIE.

Oui, maman, ils me vont très bien, vois !

MADAME DERAINCOURT.

Tu as le même pied que ta sœur.

SOPHIE.

Elle est bien contrariée, ma sœur, tu lui as pardonné ?

MADAME DERAINCOURT.

Elle a bien fait de venir près de moi la première, car je n'étais pas contente.

SOPHIE, allant et venant.

Tu as été bien sévère.

MADAME DERAINCOURT.

Je n'aime pas qu'on me manque : mais qu'as-tu donc à remuer ainsi ?

SOPHIE.

Moi ! Je ne remue pas ! (A part.) Ça me fait très mal.

MADAME DERAINCOURT.

Tu ne remues pas, mais tu ne restes pas en place !

SOPHIE, à part.

Je ne pourrai jamais garder ces souliers-là.

MADAME DERAINCOURT.

Voyons, assieds-toi. — Comme ta sœur ne sera pas avec toi pour te diriger, je veux te donner quelques instructions.

SOPHIE, s'asseyant.

Des instructions, pourquoi faire ? (A part.) Aïe !

MADAME DERAINCOURT.

Je ne veux pas que tu paraisses une petite sotte au milieu de ces jeunes filles qui seront toutes plus âgées que toi.

SOPHIE.

Dis tout de suite que je suis mal élevée.

MADAME DERAINCOURT.

Ce ne serait pas flatteur pour moi, mais le monde

a des usages que tu ne connais pas, puisque tu n'y as jamais été.

SOPHIE, s'impatientant.

Eh bien, parle, j'écoute... (A part.) Mes pieds brûlent.

MADAME DERAINCOURT.

Ainsi, il ne faudra pas accepter tout ce qu'on t'offrira.

SOPHIE, même jeu.

Alors je suis gourmande ?

MADAME DERAINCOUT.

Je ne dis pas cela. Je te recommande seulement la discrétion.

SOPHIE, id.

Mais oui, je sais bien ! Je ne suis pas une petite fille ! (A part.) Aïe !

MADAME DERAINCOURT.

Et puis, il ne faut pas trop danser...

SOPHIE, id.

Alors pourquoi aller au bal ?

MADAME DERAINCOURT.

Pour danser, sans doute ; mais j'entends que tu te reposes de temps en temps.

SOPHIE, aigrement.

C'est ça, faire tapisserie comme les vieilles femmes.

MADAME DERAINCOURT.

Ces vieilles femmes sont vos mères, mademoiselle ! Soyez plus respectueuse.

SOPHIE, id.

Mon Dieu ! Tu prends mal tout ce que je dis ; qu'est-ce que tu as donc aujourd'hui ?

MADAME DERAINCOURT.

Comment ! C'est toi qui me parles ainsi ?

SOPHIE.

C'est vrai! Je vais aller au bal et tu me recommandes de ne pas danser!

MADAME DERAINCOURT.

Ah! ça, est-ce que tu aurais la même humeur que ta sœur?

SOPHIE.

Je n'ai pas de mauvaise humeur, mais tu me prends toujours pour un enfant.

MADAME DERAINCOURT.

Ton observation prouve que tu n'es pas autre chose.

SOPHIE.

C'est cela! Je vois bien ce qui va arriver : Si j'accepte un gâteau, tu me diras : Ne mange pas trop! si je veux boire : Ne bois pas trop ! Et tout le temps : Ne danse pas trop!

MADAME DERAINCOURT.

Mais tu me critiques, je pense...

SOPHIE.

Non, mais... (A part.) Oh! que j'ai mal!

MADAME DERAINCOURT.

Tu sais que je n'aime pas ces façons-là.

SOPHIE.

C'est vrai! là, si je dois aller à ce bal pour ne pas m'amuser, pour avoir l'air d'être tenue en lisières, j'aime autant m'en priver.

MADAME DERAINCOURT.

J'ai bien entendu?...

SOPHIE, à part.

Oh! c'est insupportable!

MADAME DERAINCOURT.

Eh bien, mademoiselle, puisqu'il en est ainsi, comme votre sœur, vous n'irez pas au bal. Vous resterez toutes deux ici. Ah! ah! Il y a un petit vent de révolte dans la maison! Et à quel moment? Au moment où je veux vous procurer une distraction!... Eh bien, vous vous en passerez!...

SOPHIE, boudant.

Ça m'est égal!

MADAME DERAINCOURT.

Assez, mademoiselle. — Otez vos souliers.

SOPHIE.

Oh! je veux bien! (Elle enlève rapidement ses souliers.) Ah!

Soupir de soulagement.

MADAME DERAINCOURT.

Vous êtes une méchante enfant !

SOPHIE, remettant sa chaussure.

Je n'ai rien dit, je n'ai rien fait! C'est toi qui n'es pas de bonne humeur! (A part.) Ah! j'ai les pieds tout engourdis!

MADAME DERAINCOURT.

Encore!... Allez retrouver votre sœur... Elle, au moins, reconnaît ses torts.

Sophie sort.

SCÈNE X

MADAME DERAINCOURT.

Je ne les reconnais plus! on dirait qu'elles se sont donné le mot. Elles qui ont, d'ordinaire, un caractère

si égal, une soumission irréprochable, qui craignent
tant de me déplaire, sont aujourd'hui d'une mutine-
rie incompréhensible. Si encore j'en savais le motif !
Car il doit y avoir un motif à cela. Sans doute, car
elles s'aiment beaucoup, elles sont fâchées de ne pas
aller ensemble à cette fête. Mais elles avaient con-
senti à faire un sacrifice. Et, chose curieuse ! à tour
de rôle, celle qui va au bal est de mauvaise humeur.
Je ne m'explique pas pourquoi ! Eh bien, je ne céde-
rai pas. Je vais faire reporter ces souliers au cordonnier en lui faisant dire de ne pas confectionner
l'autre paire. — C'est la première fois que mes filles
me manquent. Je tiendrai bon et ce sera la dernière.
(Allant à la porte.) Agathe ! Agathe ! (Agathe entre.) Re-
portez ces souliers au cordonnier et dites-lui de ne
pas faire l'autre paire. — Allons retrouver ces demoiselles !

Elle sort.

SCÈNE XI

AGATHE, seule.

Allons ! bon ! Tout est changé maintenant ! Qu'est-
ce qu'ils ont donc, ces petits souliers?... (Elle prend les
souliers blancs.) Comme ils sont gentils ! Ça ne doit pas
peser aux pieds... Comme mes sabots ! Sont-ils mi-
gnons ! Ça doit être fragile, par exemple. (Allant à la
porte par laquelle est sortie madame Deraincourt.) Ous-ce qu'est
madame?... Elle cause avec ses demoiselles. (Revenant.)
J'vas les essayer, pour voir !... J'ai pas le pied grand,
moi non plus, ça m'ira, voyons ! (Elle ôte ses sabots et
essaie les souliers.) Mâtine ! Ils sont étroits ! Eh ben, si
c'est ça qu'on appelle faire petit pied? Merci ! (Elle
marche maladroitement.) Comment qu'on peut danser avec
ça?...Non ! mais comment qu'on peut danser ?—Cristi

2

qu'ça fait mal!... Des fois, au village, le dimanche, on dansait des polkas... les jeunesses!... Eh ben, avec ces machines-là, j' parie que j' pourrais pas. Essayons : Tra la la, tra la la, tra la la. (Elle danse maladroitement en chantant un air de polka.) Tra la la!... Oh! madame!

SCÈNE XII

AGATHE, MADAME DERAINCOURT.

MADAME DERAINCOURT.

Eh bien, Agathe, vous êtes encore là? Vous n'êtes pas partie?

AGATHE.

Si, madame!

MADAME DERAINCOURT.

Voilà qui est trop fort !...

AGATHE.

C'est-à-dire, madame, que j'allais partir. (A part.) Aïe!

MADAME DERAINCOURT.

Enfin, que faisiez-vous ici? Quand je suis entrée, il m'a semblé que vous aviez les bras en l'air. On aurait dit que vous dansiez.

AGATHE.

Danser! moi! Oh! je ne vais pas au bal... une servante!

MADAME DERAINCOURT.

Oui, une servante doit d'abord faire son ouvrage et obéir à ses maîtres.

AGATHE.

Oui, madame... je vais... (A part.) Non, mais ce que ça me fait mal!

MADAME DERAINCOURT.

Vous semblez pâle, qu'est-ce que vous avez? Etes-vous malade?...

AGATHE.

Non! madame, je vais... (A part.) Coquins de souliers!

MADAME DERAINCOURT.

Eh bien, dépêchez-vous! Où sont ces souliers?

AGATHE, embarrassée.

Ces souliers... (A part.) Mon Dieu, pourvu qu'elle ne s'aperçoive pas...

MADAME DERAINCOURT.

Mais oui, les petits souliers blancs que vous avez apportés?...

AGATHE.

Que j'ai apportés! (A part.) Ouf! mes pieds sont brisés!

MADAME DERAINCOURT.

Je les avais mis là, sur la table.

AGATHE.

Sur la table... je ne les ai pas vus... (A part.) Aïe, aïe, aïe, aïe!

MADAME DERAINCOURT.

Voyons, cherchez, où sont-ils?

AGATHE, impatientée.

Est-ce que je sais, moi!

MADAME DERAINCOURT.

Qu'est-ce que c'est que cette réponse?

AGATHE.

Dame! c'est vrai!... Si vous ne les voyez pas, c'est qu'ils n'y sont plus! (A part.) Oh! si elle pouvait s'en aller, comme je les ôterais !

MADAME DERAINCOURT, apercevant les sabots d'Agathe dans un coin.

Dites, donc, Agathe! Vous marchez donc pieds nus maintenant?

AGATHE.

Pourquoi pas, madame, si je veux?... Au moins ça n'abîme pas le parquet.

MADAME DERAINCOURT.

Petite insolente! montrez-moi vos pieds !

AGATHE.

Madame! (A part.) Oh! j'y tiens plus!

MADAME DERAINCOURT, levant le bout du jupon d'Agathe.

Ah! ah! je comprends! Vous les avez mis!

AGATHE.

Eh ben oui! là!... Et j'vas les ôter! Ils m'font assez de mal!

MADAME DERAINCOURT.

Vous vous êtes permis...

AGATHE, ôtant les souliers.

Pourquoi pas! puisque vous n'en vouliez plus!

MADAME DERAINCOURT.

Cela suffit!... Vous êtes insolente et je ne souffrirai pas cela !... Vous allez me faire le plaisir de faire votre paquet, tout de suite. Je vous réglerai vos gages et vous partirez de chez moi.

AGATHE, remettant ses sabots.

Comme madame voudra!... (A part.) Ah! Je respire!

MADAME DERAINCOURT.

Allez! dépêchez-vous!

AGATHE.

Oh! madame! mon paquet n'est pas lourd, je m'en vais!

Elle sort.

SCÈNE XIII

MADAME DERAINCOURT, puis SOPHIE et ADÈLE.

MADAME DERAINCOURT.

Eh bien, c'est complet! Toute une insurrection! Mes filles, ma bonne, tout le monde se révolte!

Sophie et Adèle entrent.

ADÈLE.

Petite mère!

SOPHIE.

Maman!

MADAME DERAINCOURT.

Eh bien, quoi? Qu'est-ce que vous voulez, mesdemoiselles?

ADÈLE.

Nous étions là. Nous avons tout entendu.

SOPHIE.

Oui, Agathe avait mis les souliers comme nous.

MADAME DERAINCOURT.

Eh bien?

ADÈLE.

Eh bien, petite mère, il faut lui pardonner comme à nous, car tu nous as pardonné.

MADAME DERAINCOURT.

Je n'ai pas dit cela.

ADÈLE.

Mais tu vas le dire ! — Car si nous avons été méchantes ce matin, ce n'est pas tout à fait de notre faute.

MADAME DERAINCOURT.

Comment cela ?

ADÈLE.

Oui ! Nous ne savions pas pourquoi, mais nous le savons maintenant et nous regrettons bien de t'avoir fait de la peine... malgré nous.

SOPHIE.

D'autant plus que nous avons beaucoup souffert.

MADAME DERAINCOURT.

Expliquez-vous.

ADÈLE.

Les souliers, les souliers blancs, eh bien, ils étaient trop étroits ! Ils nous blessaient, nous ne voulions pas le dire, pour ne pas manquer le bal ; mais vois-tu, mère, nous souffrions tellement que nous étions devenues méchantes ; pardonne-nous !

MADAME DERAINCOURT.

Ah ! je m'explique maintenant !...

SOPHIE.

C'était si douloureux, maman ! — J'étais impatiente malgré moi.

ADÈLE.

J'ai encore les pieds tout brisés.

SOPHIE, embrassant sa mère.

Mais nous t'aimons bien toujours.

ADÈLE, même jeu.

Oh ! oui, nous t'aimons bien !

SCÈNE XIV

LES MÊMES, AGATHE.

AGATHE, humblement.

Adieu, madame, voilà mon paquet, madame veut-
elle voir ?...

ADÈLE, à sa mère.

Tu ne vas pas la renvoyer, n'est-ce pas ?

SOPHIE, id.

Elle aussi avait mis les petits souliers !

MADAME DERAINCOURT.

J'ai pardonné à mes filles, je vous pardonne aussi,
Agathe, restez.

ADÈLE, SOPHIE.

Merci, maman ! Oh ! la bonne soirée que nous allons passer ici !

MADAME DERAINCOURT.

Non, mon pardon sera complet ! Vous viendrez au
bal avec moi, seulement vous mettrez des souliers
noirs.

FIN

Imprimerie générale de Châtillon-sur-Seine. — M. PÉPIN.

A LA MÊME LIBRAIRIE

PIÈCES POUR LA JEUNESSE

	J.G.	J.F.	Prix
Les Amis de province .	2	4	1
L'Atelier de peinture...	3	4	1
Les Avocats............	4	»	1
Le Billet de Loterie....	6	»	1
Un Cercle de femmes...	1	7	1
La Cigale et la Fourmi.	»	6	1
Un Coup de tête........	»	2	1
Le Crime de Moutiers...	5	»	1
Les Cuisinières........	»	7	1
Deux Mères...........	»	5	1
Le Diable	3	3	1
Une Discrétion........	»	2	1
La Dot d'Alice	»	2	1
Un Fiancé anonyme....	»	5	1
La Grande Sœur	»	2	1
Le général Pruneau (de Tours)...............	2	1	1
La Malade imaginaire..	»	6	1
Ma sœur Claire	»	4	1
Mentor (Charade)......	»	4	1
Miss Peackle........ ...	»	2	1
La Négresse...........	»	6	1
La Nuit de Noël.......	»	3	1
Une Nuit orageuse......	4	»	1
L'Oiseau bleu..........	»	3	1
Le Pâté................	3	1	1
Les Petits Souliers.....	»	4	1
Les Pommes de la mère Aubry...............	»	3	1
Le Premier Bal........	»	5	1

	J.G.	J.F.	Prix
Le Premier Habit.....	1	1	1
Le Prix d'honneur.....	»	2	1
Le Sac de Scapin......	4	»	1
Les Souhaits interrompus..................	»	4	1
Treize à table	2	2	1

PIÈCES POUR L'ENFANCE

	J.G.	J.F.	Prix
Les Bavardes.......	»	2	» 50
La Cigale et la Fourmi	»	2	1
Les Deux Gascons...	2	»	» 50
Les Deux Moineaux .	1	4	1
L'Ecole buissonnière	2	»	» 50
Fiancés en herbe....	1	1	1
Five o'clock tea......	»	2	» 50
Une Grave Affaire...	2	2	1
Nô !.................	2	»	» 50
Pensum (Charade)...	1	2	1
Petite Maman.......	»	4	1
Le Petit Monde......	1	2	1
La Petite Princesse..	»	2	» 50
Les Petits Ambitieux	1	1	1
Les Petits Révoltés..	1	3	1
Poucet et Poucette...	1	2	1
Pour un Hanneton...	2	2	1
Quand nous serons grandes...........	»	3	1
Le Renard et le Corbeau..............	2	»	1
Rêves d'Avenir......	2	»	» 50
Les Révoltes de Liline	»	2	1
Vive le général!.....	2	4	1

IMPRIMERIE GÉNÉRALE DE CHATILLON-SUR-SEINE. — M. PEPIN.

www.ingramcontent.com/pod-product-compliance
Lightning Source LLC
LaVergne TN
LVHW050224180726
843501LV00013BA/2520